KB024800

간결함은 지知의 정수.

Simple is best.

어 른 의

생 각 법

KOUYATTE, KANGAERU.
by Shigehiko TOYAMA

Copyright ⓒ 2021 by Midori TOYAMA
All rights reserved.

First original Japanese edition published by PHP Institute, Inc., Japan.
Korean translation rights arranged with PHP Institute, Inc. through
Eric Yang Agency, Inc.
Korean translation copyright ⓒ 2022 by DARAM BOOKS

이 책의 한국어판 저작권은 Eric Yang Agency, Inc 를 통해
PHP Institute, Inc.과 독점 계약한 다람이 소유합니다. 저작권법에 의하여
한국 내에서 보호를 받는 저작물이므로 무단 전재 및 복제를 금합니다.

지혜로운 생각을 위한 7가지 전략

어른의
/
생각법

도야먀 시게히코 지음
전경아 옮김

화려한 결혼식 피로연이 유행하던 시절의 일이다. 축사
가 길어져 다들 난감해하고 있었다.

"끝으로 한마디만 더 드리자면……."

하지만 결코 그 한마디로 끝나지 않는다.

"말이 나온 김에 덧붙이면……."

말은 끝도 없이 이어졌다.

일본에는 하이쿠라는 세계에서 가장 짧은 형식의 시가
있다. 하이쿠 시인도 숱하게 많다. 그런데 어찌 된 영문
인지 짧게 말하는 재주는 갖추지 못했다. 두서없는 이
야기를 끊임없이 늘어놓는다.

예전에 연설을 잘하기로 유명한 학장이 있었다. 부속
초등학교 교장을 겸임했던 이 학장은 이따금 단상에

오를 때면 절대로 삼분을 넘기지 않았다. 순식간에 끝났으나 기억에 남는 말을 해서 학생들에게 평판이 좋았다. 교장이 하는 말 따위 알게 뭐냐고 생각했던 초등학생들도 이 교장의 훈화에는 감탄을 금치 못했다. 순식간에 끝나서 지루해할 틈도 없다. 집에 돌아가서 자초지종을 설명하니 부모들이 팬이 되어 여기저기 소문을 내고 다녔다고 한다.

지금처럼 통신이 발달하지 않았던 오래전, 남극에 간 남편에게 갓 결혼한 새댁이 새해를 맞아 정월에 전보를 쳤다.

"서방님."

많은 사람이 그 간결한 전문에서 이루 말할 수 없는 정감을 느꼈다. 짧아서 가슴에 더 사무치는 것이다.

문장도 짧을수록 좋은 모양이다. 특히 일본에서는 단문 앤솔로지가 고전으로 길이 남았다. 가령, 《쓰레즈레구사(徒然草)》*는 얄팍한 소책자다. 두꺼운 《쓰레즈레구사》는 상상할 수도 없다.

메이지 이후, 외국의 영향을 받아 중후하고 장대한 글

---

* 13세기 초 교토 출신 승려인 요시다 겐코(吉田兼好)가 지은 인생의 무상함을 그린 작품으로 일본 수필의 백미로 꼽힌다.

을 높게 쳐주는 풍조가 널리 퍼졌으나 그중에 우수한 책은 손에 꼽힌다. 소설의 경우, 단편은 우수한 작품이 적지 않지만 장편 소설 중에 볼만한 책은 그리 많지 않다. 에세이도 짧은 에세이는 나름의 재미가 있지만 장편 에세이 중에 재미있는 작품은 거의 없다고 해도 무방하다.

나도 넓은 의미에서 에세이라 할 만한 글을 숱하게 썼다. 되도록 짧게,라는 명제를 염두에 두고 썼지만 장황하게 흘러가는 글이 적지 않았다. 더 짧게, 맛깔나는 에세이를 쓰기를 바라는 사이에 나이를 먹고 말았다. 이제 와서 어쩔 도리가 없지.

그렇게 생각하던 차에 '지금까지 낸 책 중에서 발상력과 사고력을 기르는 힌트를 주는 잠언집을 발췌하여 책으로 내고 싶다'라며 출판사에서 제안해 왔다. 쓸 만한 부분을 골라내는 데 있어서 저자는 힘이 없다. 잘 부탁한다고 고개를 숙이고 책을 만드는 수밖에는.

교정을 보는 사이에 재미있는 사실을 깨달았다. 인용된 단문이 원래의 본문 속에 있었을 때와는 다른 새로운

뉘앙스를 갖는다는 것이다. 인용되며 맛이 농축되는 모
양이다.

간결함은 지의 정수(Simple is best).

장대한 이야기를 선호하는 장대 문화(長大文化)인 영국
에 이런 말이 있다니 참으로 재미있다. 이 책에 실린 짧
은 글들이 독자 여러분에게 조금이라도 도움이 된다면
바랄 게 없다.

차례

idea

/

제1장
발상력을 기르는 법

process

제2장
사고의 프로세스

idea

제1장

**발상력을
기르는 법**

화합물
만들기
• • •

발상(發想)의 원천은 개성이다.

발상을 할 때 소재가 진부한 것은 상관이 없다.

흔해 빠진 한 소재와 다른 소재가 생각지도 못했던 방법으로 결합하고 화합하여 새로운 사고가 탄생한다.

발상의 묘는 거기에 있다고 할 수 있다.

발상의 재미는 화합물을 만들어 내는 데 있다.

원소를 만들어 내는 것이 아니라.

《생각의 틀을 바꿔라》

미지의 것을
찾아서
• • •

지식과 정보를 마구잡이로 수집만 해놓고 기뻐하는 건 미숙한 일이다.

어떤 사소한 거라도 좋다.

생활 속에 숨어 있는 내가 모르는 미지의 것들을 찾아내어 그것들을 기초로 하여 자기만의 '지식과 견문(知見)'을 창출해 내라.

그런 것을 '지적(知的)'이라고 한다.

《어른의 사상》

사소한 것에도
두근거리는 마음
• • •

발상(發想)을 하려면 선입관이 없어야 한다.

어떻게든 발견하겠다는 긴장감이 필요하다.

사고(思考)가 경직되어 있어서도 안 된다.

마음의 절반은 비워놓을 필요가 있다.

무엇이든지 받아들일 수 있는 자세여야 한다.

사소한 것에도 두근거리는 마음을 잃지 않아야 한다.

눈을 감은 채로는 새로운 것을 발견하기 어렵다.

눈을 뜨고 있어도 한 방향만 바라보고 있다면 충분히
보기 어렵다.

《라이프워크의 사상》

정면 공격
금물

• • •

아이디어를 짜기 위해서 대놓고 머리를 싸매는 것은 어리석은 행동이다. 그런 안이한 전략으로는 떠다니는 아이디어를 붙잡을 수 없다. 그러면 도리어 숨어버린다.
차라리 잊어버리는 쪽을 택하라.
그러면 방심하여 슬그머니 모습을 드러낼 것이다.
아이디어는 보통 방법으로는 잡을 수 없는 만만치 않은 녀석이다.

《아이디어 레슨》

무의식을
활용한다
• • •

생각은 한 번쯤 물속에 담가놔야 할 필요가 있다.

전날에는 생각나지 않았던 답이 자고 나면 번쩍 떠오르듯, 한동안 잊고 지내던 생각이 무의식중에 숙성되어서 별안간 툭 하고 튀어나온다.

의식의 수면 위에서는 보이지 않던 숙성 과정이 수면 아래의 무의식 세계에서 진행된다. 그러다 적당한 시기에 생각을 밖으로 내보낸다.

아이디어야 나와라, 아이디어야 나와라, 백날 빌기만 하면 소용이 없다. 시시한 생각만 떠오른다.

〈지적 창조의 힌트〉

우연의
발견
· · ·

뭔가를 얻기 위해서는 노력하고 또 노력하는 수밖에
없다. 정신을 바짝 차리고 있으면 중심이 아닌 주변에
있는, 혹은 예상하지 못한 곳에 숨어 있던 사실이나 아
이디어가 눈에 들어오기 시작한다.

그런 의미에서 아이디어는 우연(偶然)의 발견이라고 할
수 있다. 아이디어가 번쩍하고 떠오른 경험이 누구나
있을 것이다.

《약간의 공부 비결》

실패에서 얻는
세렌디피티

• • •

인간에게는 약간 청개구리 심보가 있는 모양이다.
열심히 할 때보다 가벼운 마음으로 할 때 일이 더 잘
굴러가기도 한다. 그리고 무엇보다 재미도 있다.

그 재미는 화학 반응에서 온다. 하지만 원하는 화학
반응을 얻기까지는 무수한 실패가 뒤따른다. 그 실
패 속에 새로운 것이 숨어 있고, 그것이 세렌디피티
(serendipity, 예상치 못한 것을 발견하는 힘)를 가져다준다. 그래
서 세렌디피티는 실패, 실수의 또 다른 이름이다.

《난독의 세렌디피티》

질문에 얽매이지
않은 사고
• • •

어디 하나에 고정되어 있는 생각과 달리, 목적도 없이 막연히 생각하는 것이 자유 사고(思考)다.

질문도 없이 생각해야 한다니 그리 쉬운 일은 아니지만, 그렇게 해서 생각해 낸 것이 오히려 유례없이 독창적인 사고일 수 있다.

이러한 자유 사고야말로 사고의 진수라 할 수 있다.

발견, 발명의 단초가 될 수 있는 중요한 사고법이지만, 안타깝게도 누가 가르쳐줄 수도 없고, 배우기도 어렵다.

《에스컬레이터 인간》

묘안이 떠오르는
장소
• • •

'글을 쓸 때, 가장 좋은 묘안(妙案)이 떠오르는 곳은 삼상 (三上)이다.' 오래전 중국의 구양수란 인물이 한 말이다. 삼상이란 이부자리 위(枕上), 말 위(鞍上), 화장실에 있을 때(廁上)를 말한다. 그런 곳에서 우리의 정신은 최대한 의 자유를 얻는다.

처음부터 작정하고 생각하려 할 때보다는, 잠자리에 들 었을 때, 어딘가에 가려고 할 때, 일을 보려고 할 때, 뜻 밖에도 머릿속이 맑아진다. 그럴 때 오히려 생각지도 못한 묘안이 떠오른다.

《인생을 즐기는 지적 시간술》

메모하는 습관을
기른다
• • •

아이디어는 언제 어디서 떠오를지 모른다.

생각할 때는 떠오르지 않다가 생각하지 않을 때 딱 떠오른다. 다른 일을 하고 있을 때, 머리를 번쩍 스치고 지나가는 것이 아이디어다.

아이디어를 붙잡고 싶다면, 자나 깨나 오면 놓칠세라 만반의 준비를 하고 있어야 한다.

그 준비가 바로 메모다.

《아이디어 레슨》

머릿속 말고
일상에서
• • •

독창적인 아이디어는 머릿속에서만 나오지 않는다.

일상생활을 하는 동안에 불쑥 튀어나오는 법이다.

책상에 앉아서 오랫동안 골똘히 생각하는 것만으로는
충분하지 않다.

밤낮없이 늘 머릿속에 넣어 두고 다녀야 어느 순간에
비로소 구체화된다.

《난독의 세렌디피티》

일단은

직접 본다

• • •

아이디어를 얻기 위해서 값비싼 참고 서적들을 뒤적이며 재미있어 보이는 걸 찾아 헤매는 사람이 적지 않다. 하지만 순서가 잘못됐다.

남의 눈으로 보고 난 뒤에는 자신의 눈으로 봐도 제대로 보일 리가 없다.

먼저 자신의 눈으로 직접 보자.

《지적 창조의 힌트》

떠오른 생각의
소중함

• • •

현대인은 고성능 전문 기계처럼 아주 좁은 범위의 일에만 고도의 능력을 발휘하는 것을 미덕으로 여기며 일한다. 그래서 소소하게나마 창조하는 기쁨을 아는 이가 많지 않다.

일상에서는 작은 세렌디피티와 같은 일들이 빈번하게 일어난다. 그러면 그저 재미있는 생각이 떠올랐다며 대수롭지 않게 넘겨버리고는 한다. 하지만 번쩍 떠오른 그런 생각이 오히려 더 소중하다는 사실을 기억하자.

〈지적 창조의 힌트〉

편집자처럼
생각하라

• • •

'지(知)의 에디터십'이 필요한 순간, 바꿔 말하면 머릿속에서 지식의 칵테일을 제조하는 과정에서, 자기 자신이 얼마나 독창적인지는 별로 중요하지 않다.

그보다는 갖고 있는 지식을 어떻게 조합하고 어떤 순서로 배열하는지가 더 중요한 핵심이다.

편집으로
창조하라

• • •

창조를 위해서도 정신의 에디터십, 즉 머릿속 편집을 거쳐야 한다. 자연, 사건, 정서 등을 있는 그대로 표현한다고 해서 예술적 창조가 되는 건 아니다. 마음속의 가공과 편집 과정을 거쳐 부드럽게 다듬어진 경험이나 자연의 인상이 비로소 창조가 되는 것이다.

원형과 곧이곧대로 비교하며 뭔가 잘못된 게 아닌지 의문을 품는 사람은 창조가 무엇인지를 제대로 이해하지 못한 사람이다.

《세상을 바라보는 법, 생각하는 법》

process

제 2장

사고의
프로세스

생활 속에서
지식을 구하라

• • •

지적인 활동의 근본은 외워서 얻은 지식이 아니다.
생활과 동떨어진 지식은 오히려 생각하는 힘을 저하시
킬 위험만 있다. 그 점을 확실히 염두에 두어야 한다.

《50대부터 시작하는 지적 생활술》

생각의 기초는
'생활'

• • •

오랫동안 사고(思考)의 기초는 지식이라고 믿어 왔다. 하지만 오로지 지식에서 제대로 된 사고가 탄생한 경우는 드물었고, 그렇게 태어난 사고도 작고 소소하며 힘이 없었다.

제대로 된 사고는 일상을 사는 사람의 머리에서 나온다. 연구실에서 책만 읽는 사람은 사고하기에 적합하지 않다. 생활이 빈약하기 때문이다.

《50대부터 시작하는 지적 생활술》

망각의
힘

• • •

나쁜 망각(忘却)이 아니라 유익한 망각도 있다.

나쁜 망각은 두뇌 활동을 쇠퇴시키지만, 유익한 망각은
두뇌 활동을 촉진한다.

망각을 무조건 두려워하고 싫어할 필요는 없다.

유익한 망각을 인정하지 못하는 것도 일종의 편견이다.

망각으로 우리의 두뇌는 힘을 잃기도 하지만 때로는
큰 힘을 얻기도 한다.

《지적 생활 습관》

지식을 숙성하는
시간
• • •

지식을 얻었다고 해서 바로 써먹지 않는다.

그 지식이 시간을 두고 변화하기를 기다린다.

망각(忘却)이라는 유익한 수단을 통해서 해체되고 정화되는 과정을 거치게 한다.

시간의 힘이 더해질수록 지식은 변용되고 승화(昇華)한다. 지식의 정확성을 조금 잃을 수는 있지만 대신 생산성이 생겨난다.

그런 특화된 지식은 사고(思考)와 대립하지 않는다.

사고에 도움이 되는 지식은 유익한 망각을 빠져나온 것이다.

불만이
원동력

• • •

필요(necessity)는 발명의 어머니라는 말도 있다.

Necessity를 '필요'라고 해석하는 것에는 다소 의문이 들지만, '하늘이 내린 불만'이라고 표현하면 어느 정도 맞지 않을까 한다.

아무튼 그러한 원동력이 전혀 없이, 미지근한 물에 몸을 담그듯이 일상성에 매몰되어 버린다면, 창조적인 사고를 하기 어려워진다.

《세상을 바라보는 법, 생각하는 법》

감칠맛 나는
주제를 만든다
• • •

생각의 주제는 한동안 재워두고 잊어버리는 게 좋다.

그중에 아무리 잊으려고 해도 도저히 잊히지 않는 것,

그것이 그 사람에게 정말로 중요한 주제이다.

그렇게 남은 것을 재료로 사고(思考)를 하면 잘 익은 술이 된다.

그 술은 칵테일처럼 입가에서는 쌉쌀할지 모른다.

하지만 술이 아닌 걸로 만들었기 때문에, 술을 섞어 만든 칵테일과는 엄연히 다르다.

시간이 지나도 썩지 않는, 시간과 함께 감칠맛과 향이 더해진 아주 좋은 칵테일이 될 것이다.

《라이프워크의 사상》

그냥

내버려 둔다

• • •

외국 속담에 '지켜보는 냄비는 익지 않는다'라는 말이 있다. 언제 익을까, 하고 냄비 뚜껑을 수시로 열었다 닫았다 하면 아무리 시간이 지나도 익지 않는다.

너무 주의를 기울이면 도리어 결과가 좋지 않다. 얼마 동안은 혼자 익게 내버려 두는 과정이 필요하다는 진리를 가르쳐 주는 속담이다.

생각하는 것도 이와 다르지 않다.

너무 골똘히 생각하면 문제가 숨어버린다.

나와야 할 싹도 나오지 못한다.

《생각의 틀을 바꿔라》

재워둔다

• • •

생각을 정리하는 방법으로 재워두는 것만큼 중요한 건 없다. 제대로 된 사고를 하려면 재워두는 것이 필수다. 긴 시간 동안 마음속에 품은 것에는 신비한 힘이 있다. 주제를 잘 재워두면 잠에서 깨어났을 때, 활발히 활동을 시작한다.

무슨 일이든 공연히 서둘러서는 안 된다. 인간에게는 의지의 힘만으로는 도저히 안 되는 일도 있다. 그럴 때는 시간이 흐르기를 기다린다. 그러면 생각은 안착(安着)할 곳에 자연히 안착하게 된다.

《생각의 틀을 바꿔라》

사고가 깊어지기를
기다린다

• • •

절반은 잊어버렸다고 생각해도 정말로 흥미롭게 느꼈던 것이라면 결코 잊어버린 채로 끝나지 않는다.

가치가 있는 거라면 대체로 어느 순간 다시 되살아나게 된다.

그것도 단순히 기억이 돌아오는 데서 그치는 것이 아니라, 더 강화되고 깊어진 사고의 모습으로 나타난다.

《50대부터 시작하는 지적 생활술》

추상의 사다리를
오른다
• • •

생각의 정리란 저차원의 사고를 추상(抽象, 사물이나 개념의 공통되는 특성이나 속성을 추출하여 파악하는 작용)의 사다리를 오르면서 메타화를 통해 고차원의 사고로 다듬는 작업이라고 할 수 있다.

1차적으로 떠오른 생각을 그대로 두면 아무리 시간이 지나도 단순히 착상에 머문다.

사고는 정리하고 추상화함에 따라 고도화된다.

그래야 보편성도 커진다.

《생각의 틀을 바꿔라》

착상을
고전으로 만든다

• • •

망각(忘却)은 생각을 정리하는 가장 효과적인 방법이다. 자연스럽게 무언가를 잊는 데는 시간이 너무 오래 걸려서 평생에 걸쳐 문제가 지속될 수 있다.

그러니 망각의 달인이 되어 자꾸자꾸 잊어버리자.

자연히 잊는 것보다 노력을 통해서 몇 배나 빠른 속도로 잊어버릴 수만 있다면, 삼십 년, 오십 년의 세월을 견뎌야 가능했던 '고전(古典)화', 즉 '고전'이 되는 시간도 오 년, 십 년으로 단축할 수 있다.

잊어서 시간을 단축하자. 그것이 개인의 머릿속에서 고전을 만들어내는 방법이다.

그렇게 해서 고전이 된 흥미와 착상은 쉽게 사라지지 않을 것이다.

《생각의 틀을 바꿔라》

바람을
쐰다
• • •

우리는 생각한다는 말을 쉽게 한다.

하지만 초고(初考), 즉 처음 생각한 것은 날 것이라 그 안에 불순한 것이 포함되어 있다. 시간 간격을 두고, 이를테면 잠시 바람을 쐬고 다시 생각해 본다. 재고(再考)하는 것이다. 대체로는 이쯤에서 멈추지만, 공을 들여 퇴고하고 싶으면 거기서 한 번 더 생각해 봐야 한다. 삼고(三考)다.

그 정도로 생각하는 건 예외적인 일인지 네 번, 다섯 번 생각한다는 사고(四考), 오고(伍考)란 말은 아예 존재하지도 않는다.

하지만 바람을 쐬는 것이 사고를 미끈하게 다듬는 필수 조건이라면 당연히 다고(多考), 즉 여러 번 다시 생각해야 한다.

《왜 나는 사소한 것까지 기억하려 하는가》

비유로
생각을 절약한다
• • •

'인생은 무대다, 인간은 배우다'(All the world's a stage, And all the men and women merely players.)*라는 말이 있다. 이는 시적인 비유의 전형이다.

서로 거리가 먼 것을 연결하여 그 중간에 잠재된 유사성을 깨닫게 하는 것이 상상력이라면, 비유는 상상력의 가장 구체적인 표현 방법이다.

훌륭한 비유는 사고(思考)를 절약시켜준다.

듣는 순간에 딱 전모(全貌)를 알게 해준다.

자세한 부분은 몰라도 전체를 파악하는데 이보다 효과적인 방법은 없다.

비유를 인식(認識)이나 창조의 기본으로 다시 봐야 할 것이다.

《지적 창조의 힌트》

* 《맥베스》에 나오는 대사

'격언'을
만든다
• • •

경험하고 생각한 것을 있는 그대로 기록하고 보존하려면 너무 번잡스럽다. 생각이 한쪽 끝에서부터 지워지기 시작해서 나중에는 아무것도 남지 않을 수도 있다.

일반화(一般化)를 통해 최대한 보편성(普遍性)이 높은 형태로 생각을 정리해 두자. 그리고 나중에 비슷한 현상이 일어났을 때 그에 맞추어서 현상을 이해하고 정리된 생각은 더 발전시킨다.

이렇게 하면 자기만의 '격언(格言)'이 만들어지고, 그러한 과정을 통해서 자신의 경험, 견문, 지식과 생각이 정리된다.

그렇게 태어난 '격언'이 상호 관련성을 맺을 때, 그 사람의 사고(思考)는 점점 더 체계를 갖추게 된다.

《생각의 틀을 바꿔라》

조합의

묘

• • •

차조기 잎은 그것만 먹으면 맛이 별로 없지만, 새알심을 넣은 단팥죽에 곁들여 올리면 뭐라 말할 수 없는 풍미가 난다.

우리는 차조기 잎과 매실을 절여 만든 매실장아찌를 곧잘 시시한 것으로 치부한다. 하지만 차조기 잎과 곁들이는 것은 기가 막히게 멋진 창조다.

처음에 이렇게 먹어야겠다고 생각한 사람은 시인이 분명하다.

《지적 창조의 힌트》

think

제 3장

사고력을
높이는 방법

생각은

아침에

. . .

생각은 아침 시간에 짧게 하는 것이 좋다.

잠을 푹 자고 아침에 일어나면 기분이 상쾌하다.

머릿속 상태도 밤에 잠들기 직전보다는 아무래도 맑을 것이다. 그래서 하루 중, 아침이 사색하기에 최고의 시간이라고 믿는다.

원래도 밤에는 뭘 생각하려고 한 적이 없지만, 하루 종일 아이디어가 번뜩 떠오르기를 기다리는 것도 조금 무리수가 아닐까 생각하게 되었다.

《지적 생활 습관》

지식에
기대지 않는다

• • •

지식은 적당히 활용하면 힘이 되지만, 너무 많아지면 오히려 스스로 생각하는 힘을 잃게 만든다.

지식이 있으면 이에 기대어 문제를 처리하고 해결할 수 있기 때문이다. 일부러 생각할 필요가 없어진다.

사고력은 지식이 풍부해질수록 작동하지 않는 경향이 있다. 극단적으로 사고력은 지식의 양에 반비례하여 저하된다고 말하는 것도 과언이 아니다.

《'마이너스'의 플러스》

늘 묻고
의심한다

● ● ●

처음에는 무엇이든 새로운 게 나오면 "이게 뭐지?"라고 자문해 본다. "왜?"라고 물을 수도 있다.

상식적으로 보이는 일에도 "정말로 그럴까?" 질문한다. 다만 이것은 구체적인 사물과 개별적인 현상에만 국한하여 이해하거나 생각하는 '구체 사고(具體思考)'에 해당된다.

여기서 더 고도의 자유로운 사고인 '추상 사고(抽象思考)' 단계에 들어서려면 '왜?'만 물어서는 안 된다.

내가 미처 알지 못하는 미지의 것에 대해서도 생각해야 한다.

《'마이너스'의 플러스》

동심을
간직한다
• • •

지식이 풍부한 사람은 아는 게 많기 때문에 오히려 발견할 기회를 얻기 힘들다.

무지한 사람은 모든 게 수수께끼라서 늘 해결책을 요구하게 된다.

그렇다면 어린아이와 같은 순수한 마음을 간직하는 게 가장 이상적일 것이다.

지식을 소유하면서 동심(童心)을 갖고 있는 사람은 얼마든지 창조적인 은유(隱喩)를 만들어낼 수 있다.

〈지적 창조의 힌트〉

실수와 실패를
두려워하지 않는다
• • •

아이디어, 발명, 발견을 위한 기본 태도는 '상식에 의문을 제기'하는 것이다.

기존의 권위(權威)도 상식에 의해서 뒷받침되기 때문에 대부분의 경우에 창의적이지 않을 수 있다.

이런 관점으로는 실수로 행하거나 실패한 일들은 상식을 초월한 것이기 때문에 창의적인 것이라고 생각할 수 있다. 그렇다면 실패와 실수로 가득한 삶이 오히려 새로운 것을 창조하기 적합하다고 평할 수 있을 것이다.

《아이디어 레슨》

함부로 말하지
않는다
• • •

좋은 아이디어가 떠오른다고 함부로 떠벌리지 않는다.
혼자서 가슴에 품고 재워서 생각이 순화(純化) 되기를
기다리는 것이 현명하다.

말을 해버리면 머릿속이 개운해진다. 얹혔던 것이 쑥
내려가는 쾌감을 느낀다. 하지만 거기에서 좀 더 생각
해 봐야겠다는 의지는 잃고 만다. 글로 써서 정리하려
는 기력도 사라진다. 떠드는 것은 이미 어엿한 표현활
동이라서 스스로 만족한 까닭이다.

말을 더 줄이고 표현을 최대한 절제하지 않으면 안 된
다.

《생각의 틀을 바꿔라》

좋은 생각을
떠올리려면

• • •

재미있는 생각은 수줍음이 많은지 쉽게 얼굴을 보여주
지 않는다.

아무런 준비도 없이 똑똑한 사람에게 의견을 물었다가
서리 맞은 풋나물처럼 생각이 풀이 죽기도 한다.

그런데 속마음을 잘 아는 친구에게 재미있다는 말을
들으면 그새 얼굴을 빼꼼히 내민다.

아무래도 좋은 생각을 떠올리려면 따뜻한 바람이 필요
한 모양이다.

《지적 창조의 힌트》

이해관계를
멀리한다
• • •

인간은 자신을 중심으로 어떤 대상을 보고 생각하는
경향이 있다. 이를 관심이라고 한다.

뭔가에 관심을 가진다는 것은 그것과 이해관계를 가진
다는 뜻이다. 그만큼 정신의 자유도 제약을 받는다.

다양한 분야의 지식을 갖고 있다는 것은 다양한 이해
관계로 얽혀 있다는 뜻이다.

그런 상태에서는 자유로운 사고를 하기가 힘들다.

《지적 창조의 힌트》

일부러
무관심해 본다
• • •

어떤 일을 시도했는데 뜻대로 잘 되지 않았다면 그냥 잠시 미뤄둔다.

그리고 재미있어 보이는 다른 무언가를 찾아서 한다.

그러면 처음에 하려던 일이 길가에 핀 꽃처럼 보일 것이다. 다시 말해, 세렌디피티, 즉, 우연히 발견하게 되는 그 어떤 것처럼.

얼마 후에 다시 돌아와서 한 번 더 시도해 본다.

그러면 이번에는 뜻밖에도 술술 잘 풀릴 것이다.

〈지적 창조의 힌트〉

마음으로
출가한다

• • •

자유롭게 생각하고 싶을 때는 마치 출가(出家)를 한 스
님의 마음과 같은 상태에 있는 것이 바람직하다.

집착만큼 자유로운 사고를 방해하는 것은 없다.

초자의적 사고를 위한
휴식

• • •

생각이 너무 부지런한 것도 좋지 않다.

때로는 게으름을 부릴 필요도 있어 보인다.

그 공백과도 같은 시간에 날 것의 사고가 숙성하여 발효될 준비를 한다.

아무리 바쁜 사람이라도 그래서 밤에는 반드시 잠을 청해야 한다. 이 휴식 같은 시간이 창의적 사고의 가장 중요한 초석이 된다. 모든 것을 잊고 잠을 자는 것처럼 보여도, 의지로 통제가 가능한 영역을 뛰어넘는 초자의적(超隨意的) 사고가 진행되고 있을 것이다.

〈지적 창조의 힌트〉

쓰고 싶은 충동을
놓치지 않는다
• • •

책을 읽고 싶다는 생각은 때때로 일지만, 쓰고 싶다는 충동은 잘 들지 않는다.

쓰는 것은 상당히 '부자연스러운' 일인 모양이다.

그래서 뭔가를 쓰고 싶은 마음이 들면 그 순간을 놓쳐서는 안 된다. 그런 충동은 두 번 다시 오지 않을 수도 있다.

《지적 창조의 힌트》

감상을 적어보자

• • •

책을 읽고 끝내지 말고 반드시 감상을 적는 습관을 기르도록 하자. 그런 것이 얼마나 우리의 영혼을 풍요롭게 만들어 주는지 모른다. 막상 쓰려고 하면 귀찮지만 머리를 좋게 하는 방법 중에 글쓰기보다 좋은 건 없다. 일단 써보자.

일회성 사고를
놓치지 않는다

• • •

생각하거나 느낀 것을 기록하는 노트는 그 사람 정신
생활의 이력서나 다름없다.

무엇과도 바꿀 수 없을 만큼 귀중하다.

한 사람이 우연히 생각해낸 것은 일회성 사고라서 한
번 사라지면 영원히 돌아오지 않기 때문이다.

《지적 창조의 힌트》

수첩을
최대한 활용한다
• • •

수첩의 메모는 생각나는 대로 적어 가는데, 적어 놓은
채 그대로 두면 재미없다.

조금 바람을 쐬고 나서 다시 본다.

그래도 재미있다고 느껴지면 그 생각은 무럭무럭 자랄
가능성이 있다.

그러면 다른 노트에 옮겨 적는다.

그때, 원래 메모들을 그대로 베끼는 게 아니라 처음부
터 끝까지 일련번호를 매겨서 정리하면 참조할 때 편
리하다. 기재한 날짜도 함께 적어두면 생각지도 못한
순간에 도움이 된다.

《인생을 즐기는 지적 시간술》

노트에 쓸데없는 내용을
적지 않는다

• • •

최대한 적게 쓰는 것이 노트 필기의 지혜다.

소제목을
붙인다

• • •

학교 수업에서 쓰는 노트는 전체를 필기하는 노트와 요약 노트를 구분하여 쓴다.

요약 노트에는 적당한 소제목을 붙이는지 여부에 따라 후일 공부 역량에 큰 차이가 생긴다.

단순히 길게 쓰는 것이 아니라, 정리해서 구분하고 각각의 부분에 적당한 제목을 달아두면, 나중에 찾을 때도 편리하고 머리에도 쏙쏙 잘 들어온다.

《지적 창조의 힌트》

제목을
잘 붙인다는 것
• • •

제목을 다는 것도 메타 노트*의 일부다.

제목을 잘 붙인다는 것은 그만큼 아이디어의 내용이 성장했다는 뜻이며, 반대로 괜찮은 타이틀이나 요약어를 찾지 못했다는 것은 문제 자체가 힘을 잃었다는 것을 말해준다.

《지적 창조의 힌트》

---

*   저자가 만든 노트 필기법에 사용되는 노트다. 착상이나 아이디어를 수첩, 노트, 메타 노트에 단계별로 적어서 사고를 정리한다.

다시
써보기
• • •

다시 쓰는 노력을 아껴서는 안 된다.

쓰는 동안에 조금씩 생각이 정리되기 때문이다.

여러 번 다시 쓰는 사이, 생각을 승화(昇華)하는 방법을

저절로 터득하게 될 것이다.

스타일을
파괴한다

• • •

스타일이 없으면 글을 쓰지 못한다.

생각하는 것도 불가능하다.

하지만 일단 만들어진 스타일은 최대한 빨리 파괴해야

한다. 스타일 중독은 정신을 노화시키는 최악의 원인이

기 때문이다.

〈지적 창조의 힌트〉

지식은
'죽은 것'이라고 생각한다
• • •

책을 읽어서 얻을 수 있는 지식은 과거형이다.

물론 오늘날에도 쓰이는 부분이 많으니 학교에서 배우는 것이지만, 아무리 지식이 늘어도 현재 진행 중인 일을 해결하는 데는 크게 도움이 되지 않는다.

인간은 과거에 살지 않기 때문에 과거형 지식만으로는 현재를 살아가기에 부족하다.

무엇보다 현재에 통용되는 사고력과 판단력이 필요하다. 그것은 죽은 지식에서는 나오지 않는다.

《건강의 원천 오체의 산책》

버릴 지식을
고른다
. . .

책을 많이 읽어서 아는 것은 많지만, 그저 그뿐인 사람
이 많다. 그 이유는 자기가 정말로 재미있어하는 것과
한때의 관심사를 구분하려는 노력을 게을리하기 때문
이다.

재고로 쌓이는 지식을 끊임없이 재점검하여 조금씩 신
중하게 임시로 저장한 기억을 버린다.

이윽고 불변의 지식만 남으면 그때의 지식은 그 자체
로 힘이 될 수 있다.

《생각의 틀을 바꿔라》

영향력이 강한 것과
거리를 둔다

• • •

책을 읽다 보면, 어디 어디에서 영향을 받았다고 고백
하는 내용을 흔하게 접한다. 이는 그 사람의 방식을 완
곡하게 따라 했다는 표현이나 다름없다.

자신만의 생각을 떠올릴 수 없을 정도로 다른 곳에서
감명을 받는 것도 참 불행한 일이다.

아이디어를 얻고 싶으면, 결정적 지배력이 있는 것과는
거리를 두는 것이 현명할 수도 있다.

《아이디어 레슨》

분석의
본질

• • •

분석은 말하자면 파괴다.

무언가를 창조하는 데에는 전혀 도움이 되지 않는다.

아이는 장난감을 분해하고 망가트릴 수 있지만 원래대로 복원하지는 못한다.

분석이 순수 진리를 규명하는데 유효한 방법이라는 것에는 의심의 여지가 없다.

하지만 그로 인해 본래의 모습이 파괴된다는 사실도 확실히 인식하고 있어야 한다.

《어른의 사상》

창조적
망각

• • •

머릿속을 비워서 두뇌 활동을 촉진하면 망각(忘却)은 기억을 지우는 것 이상의 일을 할 수 있다.

지식을 통해 인간은 현명해지지만, 망각을 통해서는 지식이 하지 못하는 사고 활동도 활발히 할 수 있다.

그런 면에서 망각은 지식보다 더 큰 힘을 갖고 있다.

지금까지 부정적으로 인식되던 망각과 다르게, 이런 창조적 망각은 새로운 망각이라고 할 수 있다.

이 새로운 망각은 앞으로 점점 더 큰 힘을 갖게 될 것이다.

《나는 왜 책 읽기가 힘들까?》

망각에서
기억하기
• • •

보통 공부하고 나서 쉬는 시간을 갖는데, 순서를 한번 뒤집어보자.

일단 쉬면서 머릿속을 깨끗이 비우고 약간은 허기진 상태에서 공부한다.

구미가 당기는 공부가 있기야 하겠냐마는 허기진 상태에서는 맛없는 걸 찾기가 힘들다.

망각(忘却)에서 기억, 다시 망각에서 기억의 순서로 공부하면 우리 두뇌 능력이 몰라보게 좋아질 것이다.

여러 켤레의
신발을 신는다
• • •

여러 가지 일을 동시에 진행하면 쉬고 싶다는 말이 절로 나온다.

우리의 머릿속은 그런 상황을 선호하며, 일의 진행이 바쁠수록 망각(忘却)도 빠르게 진행된다.

바쁜 사람일수록 그래서 두뇌가 잘 작동하게 된다.

공부에 전념한다며 한 길만 파는 건 그리 효과적인 방법이 아니다.

그래서 여러 켤레의 신발을 신으라는 말이 나온 것이리라.

불순이 섞여야
풍요로울 수 있다
• • •

학자뿐만 아니라 다양한 분야의 한 우물만 파는 사람을 보면 어딘가 조금은 이상하다. 이런 사람들을 연기밖에 모르는 연기자에 빗대어 '연기 바보'라고 부르기도 하는데, 요즘엔 이 사람들조차 선생님으로 모실 정도의 바보가 많아졌다.

너무 순수한 것도 생각해 볼 문제다. 약간 불순(不純)한 게 섞여야 인간미 있게 느껴진다.

맑거나 흐린 것 모두 받아들여야 큰 사람이 된다. 양다리를 걸친다고 나쁜 건 아니다. 가끔은 샛길로 빠져야 인생이 풍요로워진다.

순수한 건 옳고 불순한 건 나쁘다고 믿어왔지만, 반대로 불순한 것이 순수한 것보다 넉넉하고 풍요로울 수 있다.

《에스컬레이터 인간》

잡학 연구로
바깥 세계를 안다
• • •

젊은 시절 공부의 방향을 잃었을 때, 다른 분야를 전공하는 또래의 친구들과 잡담회를 조직했었다.

물론 당장에 이렇다 할 결과는 나오지 않았지만, 공부하는 재미가 생겼다.

내 좁은 전공 분야 밖으로 드넓은 지(知)의 세계가 있다는 걸 어렴풋이 깨닫고는 남이 모방할 수 없는 것들을 찾아낼 수 있었다.

전공을 내던질 용기는 없었지만, 미개척 상태로 펼쳐져 있는 잡학 연구를 발견한 것이다.

《어른의 사상》

여행자 시점을
갖는다

• • •

독창적 사고(思考)를 하는데 여행만큼 효과적인 것이 없다. 이것을 보면 역시나 일상성(日常性)에서 벗어나는 것이 창조로 연결된다는 것이 입증된다.

정들면 고향이라는 말이 있다. 어느 곳이나 오래 살면 정이 들어 다른 곳보다 좋게 느낀다는 마음을 드러낸 말인데, 지적 환경으로서는 최악이라고 할 수 있다.

잠시 들르는 여행지라고 하면 재미있는 게 눈에 보여도, 오히려 그곳에 살면 보이지 않는 법이다.

〈세상을 바라보는 법, 생각하는 법〉

life

/

제4장

지성을 기르는
생활

땀을 흘리며
몸으로 생각한다
• • •

일상생활을 바꾸지 않고 개선하지 않은 지적(知的) 생활
이란 있을 수 없다.

모든 근원이 하루하루 사는 모습에서 나온다.

땀을 흘리며 몸으로 생각한다.

관념(觀念)으로만 지적 생활을 하는 사람이 있다면 반성
이 필요하다.

《어른의 사상》

일상을
편집한다

• • •

아무 생각 없이 되는 대로 보내는 하루는 편집자가 없는 동인잡지(同人雜誌, 사상, 취미가 같은 사람들이 모여 편집·발행하는 잡지)와 같지 않을까? 그런 생활이 재미있다거나, 세상을 위한 일이라고 말하지는 못할 것이다.

본인이 편집자가 됐다고 생각하고 스케줄을 짜보자.

아침에는 무엇무엇을 한다. 그 뒤에 용무를 본다. 잠깐 쉬었다가 자료를 조사하고 보고서를 작성한다, 내친김에 사람도 만나고, 하는 식으로 스케줄을 짠다.

하루의 생활을 편집하는 것이다.

하루가 계획대로 흘러가지 않아도 일을 제법 처리할 수 있다.

《지적 생활 습관》

사상의 뿌리를
내린다
• • •

새해가 되어 새로운 일기를 쓰는 기분은 각별하다.

나도 몇십 년 전부터 일기 쓰기를 계속해 왔는데, 주로 밤에 쓰게 된다. 일기장에는 일기 외에도 매일의 스케줄과 계획을 꼭 집어넣는다. 일기만 써놓은 것은 예산이 없는 결산표나 다름없어서, 매일의 해야 할 일과 스케줄도 함께 적으려고 한 것이다.

이것이 아침 사상(思想)의 뿌리다.

예정표를
작성한다
• • •

다른 사람이 시키는 일은 어려울 것 같아도 실상은 생각보다 그렇게 어렵지 않다. 막상 해보면 대체로 끝까지 해낼 수 있다.

그와 반대로, 자신이 원해서 하는 일에는 정해진 기한이 없다. 재촉하는 사람도 없다. 현재로서는 확실한 이익도 보장되지 않는 것이 보통이다.

이런 일을 하기로 마음먹고서 스케줄에 넣어 끝까지 한번 해보자. 이는 평생을 바쳐 하고 싶은 숙원 사업(宿願事業)이라고 할 수 있을 것이다.

단, 대강의 목표 달성 시기를 적은 예정표도 같이 작성해야 결국 이런 큰일을 해낼 수 있지 않을까 싶다.

《자신의 머리로 생각한다》

렘수면을
활용한다

• • •

일기는 다음날 아침에 쓰는 것도 좋다.

잠을 자는 밤사이에 머릿속이 정리되기 때문이다.

렘(REM)수면* 단계에 들어서면 두뇌가 활동하며 그때까지 머릿속에 들어온 모호한 지식, 정보, 자극 등을 분류한다.

보존해야 할 기억과 처분해야 할 기억으로 나누고 중요하지 않은 기억은 잊는다.

밤새 여러 번 렘수면 상태에 빠지며 머릿속에서 정리 작업이 일어난다.

아침에 눈을 떴을 때, 머리가 개운한 느낌이 드는 것은 자연스러운 현상이다.

《'마이너스'의 플러스》

---

* 깨어 있는 것에 가까운 얕은 수면 상태. 뇌파는 깨어 있을 때의 알파파(α 波)를 보이며, 전체 수면의 약 20~25%를 차지한다. 보통 안구가 신속하게 움직이고 꿈을 꾸는 경우가 많다.

잊고 싶으면
일기를 써라

• • •

잊고 싶어도 잊을 수 없는 일이 있을 때는 글로 적어본다. 그러면 뜻밖에도 거짓말처럼 잊어버릴 수 있다. 글로 써서 기록해놓으면 안심하고 잊을 수 있는 것이다.

일기도 쓰면 기록으로 남겨둔 기분이 들어서일까. 실제로 일기를 쓰고 나서 안심하고 그날의 일을 잊어버리는 사람이 적지 않다.

시간의 특성을
이해한다

• • •

머리를 쓰는 일을 하는 사람에게 아침은 황금 시간이다. 단 아침만 먹으면 바로 고철의 시간이 된다.

점심 전까지는 은의 시간, 점심을 먹고 나면 납의 시간이지만, 저녁을 먹기 전 배고파지면 다시 은의 시간이 찾아온다. 저녁 식사 후의 납의 시간을 거치면 이제 열시 이후로는 돌의 시간에 돌입한다.

그러니 저녁형 인간이라며 너무 늦은 시간에만 머리를 쓰려다 보면 돌머리가 되어도 이상하지 않을 것이다.

《약간의 공부 비결》

'꿈결' 속에서
생각한다
• • •

나는 잠에서 일찍 깨더라도 자리에 누워서 이런저런 공상을 즐긴다. 다양한 생각들이 머릿속을 날아다녀서 몹시 재미있다.

그런데 가끔씩 좋은 아이디어가 불쑥 떠올라 나중에 메모해 두려고 하면 기억에서 영원히 사라져버린다. 그 래서 이제는 머리맡에 종이와 펜을 두고 잊지 않기 위해서 대강의 내용을 적는다.

때로는 두세 가지 좋은 아이디어처럼 함께 떠오르기도 해서 시간 가는 줄도 모른다.

《자신의 머리로 생각한다》

아침 식사 전
시간을 활용한다
• • •

아무래도 아침이 밤보다 두뇌 활동이 우수한 모양이다.

밤에 일이 너무 안 풀려서 고전했다고 하자.

이거 안 되겠다 싶어 내일 아침에 하기로 한다.

아침이 되어 한 번 더 도전해 본다.

그러자 웬일인가. 어젯밤에는 그렇게 안 풀리던 문제가

술술 풀리는 게 아닌가. 어젯밤의 일이 마치 꿈만 같다.

아침에 일하는 것이 자연스럽다.

아침밥을 먹기 전에 일하는 게 정도를 걷는 것이며, 밤

에 불을 켜고 일을 하는 건 자연을 거스르는 일 같다.

《생각의 틀을 바꿔라》

브런치를
도입한다

• • •

아주 일찍 일어나지 않는 한, 아침 식사 전에는 시간을
조금밖에 확보하지 못한다.

나는 어떻게 하면 그 시간을 늘릴까 궁리하다, 아침 식
사를 미뤄서 점심 즈음 한꺼번에 먹기로 결심했다. 그
러자 오전 시간이 전부 아침 식사 전이 되었다.

의사는 건강을 위해 아침을 먹으라고 조언하지만, 머리
를 잘 활용하는 데 아침과 점심 식사를 같이 하는 것만
큼 묘안도 없다.

〈약간의 공부 비결〉

걷는 습관을
기른다

• • •

새로운 사고(思考)를 하기 위해서는 책상에 앉아 있기만
해서는 안 된다.

밖으로 나가 정처 없이 걷다 보면 새로운 아이디어가
떠오른다. 항상 그런 것은 아니지만 다른 일을 할 때보
다 아이디어가 훨씬 자주 떠오르는 것 같다.

산책에 나설 때는 메모 용지와 펜을 지참하는 것을 잊
지 않는다.

《나는 왜 책 읽기가 힘들까?》

사고의 안개를
걷어낸다
• • •

산책이라고 하면 목적도 없이 설렁설렁 걷는 모습이
연상되는데, 그렇게 걸으면 카타르시스(catharsis, 마음의 정
화)가 일어나기 어렵다.

아주 빠른 걸음으로 걸어보자.

처음에는 잠이 덜 깬 듯 머리가 멍하지만, 이십 분, 삼
십 분 계속 걷다보면 안개가 걷힌 것처럼 멍한 기운이
사라진다. 그러면 차츰 가까운 기억이 흐릿해지고 옛
기억이 되살아난다. 그리고 좀 더 지나면 그마저도 어
떻게 되든 상관 없어지며 머릿속은 텅 빈 상태가 된다.
산책의 극치는 이 공백의 심리를 맛보는 것에 있다.

〈지적 창조의 힌트〉

일부러 비효율을
추구한다

• • •

옛날부터 유럽에서는 산책하는 동안에 훌륭한 생각을 떠올린 사례가 무수히 많다.

철학자 중에는 산책이 일과였던 사람들이 수두룩하다.

아르키메데스는 목욕을 하다가 엄청난 발견을 했다.

원래 뜨거운 탕에 몸을 담그고 있으면 혈액순환이 잘돼서 좋은 생각이 난다.

이렇게 보면 지적 활동은 다소 불편한 상태에서 외려 효율이 높다는 것을 알 수 있다.

다른 일을 하거나 혹은 약간 성가신 일이 동반될 때 두뇌의 활동이 가장 활발해지는 것 같다.

《약간의 공부 비결》

손을 움직여서
요리를 한다
• • •

지난해 아내가 몸을 움직이지 못하게 되면서 자연스럽
게 내가 부엌일을 하게 되었다.

음식을 만들어 보니 아주 재미있다.

부엌일을 하다 보면 거의 하루도 빠짐없이 작은 발견
을 하게 된다. 참 창조적이다.

여기에 내가 만든 음식을 먹고 칭찬해 주는 사람이 있
으면 금상첨화(錦上添花)다.

손을 움직이면 운동이 되어 건강에도 좋다.

덩달아 두뇌 활동도 좋아지는 느낌이다.

산책보다 효과가 더 좋은지도 모른다.

〈실패의 효용〉

가진 시간을
두 배로 만드는 방법
• • •

대체로 점심을 먹고 나면 곧바로 잠자리에 든다.

한 시간 반쯤 지나면 잠에서 깬다.

잠에서 덜 깨 이렇게 날이 밝아질 때까지 자다니, 하고 착각한 날도 있다. 그날을 계기로, 낮잠을 자고 나면 두 번째 아침(second morning), 새로운 하루가 시작되는 것이라고 생각하기로 했다.

이러면 하루가 이틀이 된다. 일 년은 이 년이 된다.

십 년을 살면 이십 년을 살게 된다.

낮잠의 효용(効用)이 여기에 있다.

《인생을 즐기는 지적 시간술》

낮잠의 효용을
인정한다

• • •

식후에 잠깐 눈을 붙이면 소화도 잘 되지만, 그와 동시에 머릿속이 청소되어 망각(忘却)의 속도도 빨라진다.

아주 잠깐이라도 눈을 붙였다가 깨어나면 기분이 상쾌해지고 머리가 맑아지는 것이 보통이다.

졸음을 눈엣가시로 여기는 것은 애먼 데다 화풀이하는 짓이다.

다시금 낮잠의 효용(效用)에 대해 생각해 봐야 한다.

시에스타(siesta)라고 해서 낮잠을 자는 풍습이 있는 사회도 그런 낮잠의 효용에 일찍이 눈떴던 것이리라.

《왜 나는 사소한 것까지 기억하려 하는가》

취하는 것의
효과

• • •

술의 탁월한 효과를 새삼 인식할 필요가 있다.

일을 마친 뒤에 마시는 술은 기가 막히게 맛있지만, 여기에 더해 정신을 씻겨주고 새로운 일에 대한 의욕을 불어넣어 준다.

술은 백약지장(百藥之長)이라 하여 온갖 뛰어난 약 가운데서도 으뜸이다. 원래 술을 귀하게 여긴 것도 심신에 다시 활력을 불어넣는 작용에 주목했기 때문일 것이다. 어떤 의미로 취한다는 건 우리 몸에 쌓인 좋지 않은 것을 밖으로 배출하는 것이다.

〈지적 창조의 힌트〉

도서관을
이용한다

• • •

글을 쓸 때 도서관보다 좋은 곳은 없다. 거슬리는 게 전혀 없다. 십 분만 지나도 옆에 사람이 있는 것도 잊고 일에 몰두할 수 있다. 그렇게 해서 도서관에서 쓴 책이 얼마나 되는지 모른다.

써놓고 모르는 게 있으면 열 걸음도 지나지 않아 서가가 있다. 사전류도 비교적 잘 갖춰져 있다.

나에게 도서관은 책을 빌려 읽는 곳이 아니라 주로 책을 쓸 때 서재 대용으로 도움을 받는 곳이다.

우리 집 서재보다 일이 더 잘 되는 곳 말이다.

〈지적 생활 습관〉

머릿속
메모

• • •

메모를 하면 안심하고 잊어버린다.

흔적도 없이 사라져 버린다.

직접 머릿속에서 메모한 것은 시간과 함께 흐려지고 변하지만, 정말로 관심이 있는 부분은 반대로 쑥쑥 자라기도 한다.

〈지적 창조의 힌트〉

시시한 것일수록
메모를 한다
• • •

시시하다고 해서 정리하지 않고 그대로 놔두면 아무리
시간이 흘러도 마음에 걸린 채로 남게 된다.

자유로운 생각을 방해한다.

오히려 시시한 것이야말로 메모하고 빨리 잊어버리는
편이 낫다고 생각하게 되었다.

점선의 힘을
생각한다

• • •

공부하는 사람은 마음이 풀어지는 것을 경계하여 쉬지
않고 공부하려 한다.

하지만 지속(持續)의 효과를 높이려면 중간중간 쉬면서
해나가는 것이 좋아 보인다. 끊임없이 이어지는 직선이
아니라 중간에 공백이 있는 점선의 힘을 만드는 것이다.

같은 곳에서 계속 같은 작물을 키우면 연작 장해(連作障
害)*로 수확이 감소한다. 한동안 작물 재배를 쉬다가 다
른 작물을 길러야 수확량을 유지할 수 있는 것이다.

인간사도 이와 다르지 않아서 쉬지 않고 일하면 결실
을 맺지 못할 가능성이 높다.

간헐적(間歇的)으로 지속해야 큰 힘을 만들고 효과를 거
둘 수 있는 것이다.

〈실패의 효용〉

---

* 일반적으로 한 작물을 같은 장소에 매년 반복해서 재배할 경우 작물의 생
육 환경이 나빠져 수확량이 감소하거나 병충해가 자주 일어나는 현상을 가
리킨다.

시간이 부족한 상태로
자신을 몰아넣는다
• • •

시간은 살짝 부족한 게 좋다.

시간과 경쟁하며 일하고 공부한다.

그러면 긴장하고 집중해서 일하기 때문에 오히려 더 멋진 성과를 올릴 수 있다.

시간이 부족하다는 기분, 다시 말해 타임 헝그리(time hungry) 상태에 놓일 필요가 있다. 그러려면 시간을 너무 많이 들이지 않는다. 공부 시간이 많으면 많을수록 좋다는 생각은 금물이다.

오히려 과감히 계획한 시간을 줄인다.

그래야 공부에 충실할 수 있다.

《약간의 공부 비결》

빠른 전환의
힘
. . .

A가 돌아가면 머릿속 칠판을 잽싸게 지우고 B와 만난다. B와 헤어지면 다시 기분을 쇄신하고 C와 만난다.

이렇게 할 수 있는 사람이 있다면 그는 '어디에서나 주인'이 될 자격이 있다.

빠르고 깔끔하게 전환(轉換)하는 것은 현대인에게 꼭 필요한 덕목이다.

그게 가능해지면 아무리 많은 일을 동시에 해도 혼란에 빠지지 않는다.

《인생을 즐기는 지적 시간술》

한가한 시간을
즐기려면
• • •

바쁜 사람만이 진정으로 한가한 시간을 즐길 수 있다.
한가한 사람은 한가한 시간을 즐기지 못한다.

바로

시작한다

• • •

데라다 도라히코*는 원고 청탁을 받으면 바로 글을 쓰기 시작하여 약속한 분량을 거의 다 마쳤다고 한다.

일을 받았을 때, 바로 작업에 돌입하면 마음이 가벼워진다. 시간도 충분히 남았고, 이제 닥쳐서 서두를 필요도 없기 때문이다. 느긋하기 위해 노력하면 도리어 빨리 써진다.

《인생을 즐기는 지적 시간술》

---

* 寺田寅彦, 20세기 초에 활동했던 문인이자 물리학자이며 나쓰메 소세키의 제자로도 유명하다

무위의 시간이
필요하다
• • •

자유로운 시간을 잘 활용한다는 것은 골프나 바둑 등
으로 스케줄을 꽉 채우는 것이 아니다.

일단, 아무것도 하지 않고 멍하니 무위(無爲)의 시간을
충실히 보내는 것이 필요하다.

막상 해보면 생각보다 쉽지 않다.

대부분의 사람은 시간이 붕 뜨는 것을 두려워한다.

어지간히 개성이 강한 사람이 아니면 아무것도 하지
않고 가만히 있는 걸 견디지 못한다.

책을 읽는 것도 나쁘지 않지만 읽지 않는 것도 중요한
공부다. 일주일에 한 번은 가족에게서 벗어나 혼자가
되어보는 것도 나쁘지 않다.

《라이프워크의 사상》

사고에

쉼표를 찍는다

• • •

기분 전환이 필요하다고 느낄 때는 잠깐이라도 좋으니
공백의 시간을 갖는다.
쉴 틈 없이 다음으로 넘어가는 것은 좋지 않다.
아무것도 하지 않을 때, 사실은 큰 활동을 하게 된다.

《인생을 즐기는 지적 시간술》

바쁠 때일수록
논다
• • •

정신도 자주 바깥공기를 쐬면서 놀지 않으면 안 되는

모양이다.

한가해서 노는 게 아니다.

바쁘고 신경 쓰이는 일이 많을 때 더 놀아야 한다.

자연스럽게
가려낸다

• • •

주어진 일을 전부 하려고 하면 일곱 번 다시 태어나도
다 해낼 수 없다.
그렇다고 일을 고르자니 골치가 아프다.
자연스럽게 가려내는 것이 가장 현명하다.
잊어버리게 놔둔다.
잊지 못한 것만 곁에 두고 가까이한다.

적극적으로
잊어버린다
• • •

적극적으로 잊어버리면 마음은 항상 새로운 걸 받아들일 여유가 생긴다.

한곳에 얽매이거나 고정되어 있지 않기 때문에 자유로우며 변신할 수도 있다.

한 가지 일에 집중하면, 아니 한 가지 일에 집중하려면, 되도록 다른 일에 신경을 빼앗기지 않도록 일시적으로 깡그리 잊어버려야 한다.

그것이 나 자신마저 잊어버린다는 망아(忘我)의 무아지경 상태다. 그런 상태에서만이 우리는 진정으로 깊은 자아(自我)의 발동에 의한 정신 활동을 할 수 있다.

《라이프워크의 사상》

집착을
버린다

● ● ●

아무리 타고난 머리가 좋아도, 사소한 일에 모두 마음을 쓰며 놀라고 눈을 질끈 감아버리는 소심한 사람은 총명함을 발휘할 수가 없다.

마음에 걸리는 일이 있어도 그건 그것대로 놔두고 잠시 다른 일을 생각한다. 아니면 다른 일에 몰두하여 하기 싫은 일을 잠시 잊는다.

그런 자유가 있어야 비로소 인간은 인간다운 삶을 살수 있다.

〈지적 창조의 힌트〉

논리에서 벗어나
혼돈 속으로
• • •

일심불란(一心不亂)하게 한 가지 일에만 마음을 쏟는 사람은 논리적이기는 하지만 새로운 것을 만들어 내지 못한다. 불란(不亂)함은 어지럽지 않다는 뜻이고 어지럽지 않다는 건 빈약하다는 뜻이다.

혼돈과 무질서, 실패 속에 새로운 것과 재미있는 것이 숨어 있다. 솔직히 고지식한 사람들이 결실을 쉬이 맺지 못하는 이유는 너무 올곧기 때문이다.

《난담의 세렌디피티》

너무 좁은 문제만
파고들지 않는다

• • •

전문성(專門性)의 문제는 금세 한계에 부딪힌다는 것이다. 그보다 더 문제는 새로운 것에 도전할 힘이 부족하다는 것이다. 그래서 재미가 없다.

삼십 년이 넘게 좁은 문제만 전문으로 파고들다 보면 사람이 이상해진다. 생생하고 살아 있는 지적 활동은 바랄 수도 없다.

《난담의 세렌디피티》

머리가 아닌
몸을 활용한다
• • •

말로만 하는 생각은 기교(技巧)에 불과하다. 근본적으로 생각은 몸으로 하는 것이어야 한다. 몸을 움직이지 않고 머리만 쓸 수 있다고 생각하면 오산이다.

잡담을 하고 수다를 떨 때도 우리는 몸의 일부인 입을 쓴다. 마음을 터놓은 친구와 현실에서 벗어나 시간 가는 줄 모르고 이야기에 빠지는 것은 아마도 인생에서 가장 즐거운 순간일 것이다. 그것이 머릿속의 혈액순환을 좋게 해준다.

그렇게 소박하게 즐기고 나면 뜻밖에도 일이 빠르게 진척되기도 한다.

《라이프워크의 사상》

언어를 배우고
젊음을 되찾는다
• • •

말을 통해 오래 살고 젊어질 수 있다.

가장 간단한 방법은 새로운 언어를 매일 조금씩 외우는 것이다. 영어든 프랑스어든 일본어든 말레이시아어든 상관없다. 서두르지 말고 조금씩 공부한다.

어릴 때에 비하면 훨씬 외우기가 어려울 텐데, 그만큼 마음이 노화되었다는 증거다. 열심히 공부하면 점점 '동심(童心)'에 가까워진다. 동심이 없으면 말을 배울 수 없기 때문이다. 동심이 젊음을 되찾아 준다.

《라이프워크의 사상》

자세를
바르게 한다
• • •

두뇌 활동을 진작시키려면 자세가 중요하다.

가장 합리적인 자세는 서 있을 때 나오므로 앉지 말고 서는 게 좋다.

의자에 앉거나 책상다리를 하고 앉을 때도 등을 곧게 펴고 바른 자세로 앉는다.

교실에서 곧은 자세로 수업을 듣는 학생은 대체로 성적이 좋은데, 그런 자세로 공부하면 배우는 내용도 머리에 더 잘 들어오기 마련이다.

《약간의 공부 비결》

'웃음'으로
머리를 좋게 한다
. . .

웃음에는 머리를 좋게 하는 플라시보(placebo) 효과가 있다. 우울해하고 있으면 안 된다. 우는 것은 더 안 된다. 웃어야 한다.

웃음은 지적 활동이며, 잘 웃는다는 건 머리 회전이 빠르다는 증거이다.

남을 웃기면 머리가 좋아진다.

설령 생리학적으로는 그렇지 않을지라도 심리적으로는, 그리고 인간으로서는 분명히 그렇다고 할 수 있다.

《약간의 공부 비결》

출가하듯
인생의 전환점을 만든다
● ● ●

옛날 사람은 출가(出家)라는 형태로 스스로 인생의 전환점을 만들었다.

처자식을 버리고 하던 일도 관두고 머리를 깎고 수행 생활에 귀의한다는 것은, 어떻게 사느냐에서 어떻게 죽느냐로 사고가 전환되었음을 의미한다.

역사에서 보면 그런 사람이 평생의 숙원 사업을 완성했다. 후세에 길이 남을 과업을 말이다.

지금의 샐러리맨에게는 그 전환점이 정년일 것이다.

그러면 조금 늦는 것은 아닐까? 이렇게 생각한다면 전환점이 오기를 기다리지 말고 스스로 출가하듯 전환점을 만들어야 한다. 나아가 하루하루 생활할 때도 출가한다는 마음가짐을 잊지 않는다.

《라이프워크의 사상》

인생을
이모작으로
· · ·

평생을 과감하게 둘로 나눈다. 그리고 전 단계, 후 단계라는 두 번의 인생을 살기로 계획해 보자. 그러면 평생할 수 있는 일의 총량이 그전보다 대폭으로 늘어난다.

대략 스무 살에서 여든 살까지 일한다고 하면, 전반 삼십 년과 후반 삼십 년은 상호 독립적인 것이 바람직하다. 이른바 인생 이모작(二毛作)이다.

두 일이 연결되어 있어도 좋지만 서로 동떨어져 있으면 한층 재미를 더할 것이다.

《실패의 효용》

일상생활을
개선한다
· · ·

우리는 삶이 무엇인지 진지하게 생각해 보지도 않고 그저 말로만 이러니저러니 떠들고 있는지도 모른다.

머리가 몸의 일부라는 것도 잊어버리고 '지적 붐'이 탄생했다. 그것과는 마치 관계가 없다는 듯이 '스포츠 붐'도 일었다.

하지만 일상생활을 개선하지 않고 지(知)적인 생활을 한다는 것은 불가능하다. 하루하루 살아가는 모습에 모든 문화의 근원이 있다.

《라이프워크의 사상》

끝까지 승부를
포기하지 않는다
• • •

'여생(餘生, 앞으로 남은 인생)'이라는 말이 있다.

하지만 인생 마라톤에서는 여생이라는 개념이 있어서는 안 된다. 은거(隱居, 세상을 피하여 숨어서 삶)를 고려한 인생에는 바둑이나 장기에서 말하는 '종반의 인내'가 결여되어 있기 때문이다.

이제 승부는 끝났다며 일찌감치 승부를 포기하는 모습을 인생을 달관한 것으로 착각하고 '미련 없이 고고하다'라고 인식하고 있지는 않은가.

우리는 마지막의 마지막까지 인생 레이스의 승부를 포기해서는 안 된다.

《라이프워크의 사상》

read

/

제 5장

사고로 이어지는
독서

애독서를
만들지 않는다
• • •

물론 독서는 좋다.

하지만 살아가는 힘으로 연결되지 않으면 무의미하다.

새로운 문화를 창조하려는 의지가 사라진 교양은 아무

짝에 소용이 없다. 더 잘 살기 위해, 새로운 것을 만들

힘을 기르기 위해 책을 읽어야 한다.

유용한 지식을 배우되 분별을 잃지 않도록 스스로 경

계한다. 저자, 작가를 존중하는 것은 기본이지만, 작가

의 노예가 되지 않도록 주의한다. 모방하거나 그대로

따라 하는 것은 아름다운 일이 아니다.

무작정 애독서를 만들고 득의양양하는 것은 정신이 빈

약하다는 증거다.

《나는 왜 책 읽기가 힘들까?》

책을 고르는
행위의 의미

• • •

책을 고르는 것은 생각보다 큰 의미가 있다.

다른 사람에게 책을 받을 때는 본인이 선택할 수 없다는 문제가 있다. 도서관 책을 읽을 때는 남에게 의지한다는 타력본원(他力本願, 다른 이에 기대어 일을 성취함)적인 면이 찜찜하게 느껴진다.

넘치게 많은 책 중에 무엇을 찾아서 읽을까. 그것을 정하는 행위는 엄청난 지적 활동이다.

《나는 왜 책 읽기가 힘들까?》

밑줄을 그어도
좋다
• • •

빌린 책은 논외지만 자신의 책이라면 읽을 때 연필로
표시를 하며 읽어도 좋다.

아니면 빨간색, 파란색, 노란색 사인펜을 준비하고 자
신의 생각과 같은 글이면 파란색, 반대 취지의 글이면
빨간색, 새로운 지식을 제공하는 글일 때는 노란색으로
밑줄을 그어놓으면 어떤 성격의 글인지 한눈에 파악할
수 있어 편리하다.

다만 이 방법은 자신의 책에만, 그것도 책으로서의 가
치를 희생해도 된다고 결심했을 때만 실행할 수 있다.

읽고

버린다

• • •

책을 읽고 나면 버려도 상관없다

책에 집착하는 것은 지적이지 않다.

노트 필기도 일반적으로 알려진 것만큼의 가치는 없다.

책을 읽었으면 잊히게 놔둔다.

중요한 부분을 모두 노트에 적어두는 건 욕심이다.

마음에 새겨놓지 않고 노트에 기록해 봤자 별 도움이

되지 않는다.

《나는 왜 책 읽기가 힘들까?》

재미있는 부분에서
멈추기

• • •

책을 읽다 보면 산처럼 재미있는 부분도 있고 골처럼 재미없는 부분도 나온다.

책을 읽다가 재미없는 부분이 나올 때 그만 두지 말고, 재미가 극에 다다르거나 막 재미있어지려는 찰나에 책을 덮는다.

이제부터 재미있을 것 같다, 조금만 더 읽고 싶다는 기분이 드는 순간, 일부러 그만 읽는다.

그렇게 하면 나중에 책을 다시 펼치기가 수월하다.

반대로 흥미를 잃는 순간 중단하면 자연스레 다른 데 정신이 팔리고 책으로 돌아가는 것을 잊어버린다.

잠깐의 이별이 영원한 이별이 된다.

《지적 창조의 힌트》

읽기 싫은 책은
과감히 던져버린다

• • •

다른 사람의 의견을 따르지 말고 직접 판단해서 책을
고른다. 고른 책은 자기 돈으로 산다.

책을 사면 읽어야 한다는 의무감이 들지만 읽다가 이
건 아니다 싶으면 바로 던져버린다.

과격하게 들리겠지만 읽기 싫은 책은 읽어봤자 남는
게 별로 없다.

책에 의리를 지킨답시고 끝까지 읽으면 두루 아는 건
많아져도 지적 개성은 줄어든다.

산책하듯이
읽는다
• • •

지식을 얻으려면 독서가 가장 효과적이다.

그러나 안타깝게도 사고력을 길러주는 책은 많지 않다.

생각하는 힘을 길러주는 것은 오히려 산책이다.

그래서 산책하듯 독서를 하면 뜻밖의 발견을 할 수 있
겠다고 기대하게 되었다.

난독(亂讀, 아무 책이나 닥치는 대로 마구 읽음)하는 것이다.

닥치는 대로 책을 읽으면 재미있는 아이디어를 얻을
지도 모른다.

《나는 왜 책 읽기가 힘들까?》

손에 잡히는 대로
읽기

• • •

창조력, 발견 능력이 있는 두뇌를 만들려면 되는 대로 읽는 독서가 도움이 된다.

일단 손에 잡히는 대로 읽어본다.

모르는 부분은 넘기되 재미있는 부분은 곁에 두고 시간을 들여 찬찬히 읽어본다.

그렇게 마음 가는 대로 닥치는 대로 읽다 보면 생각지도 못한 발견을 할 수 있다.

《난담의 세렌디피티》

산들바람처럼
읽는다
• • •

무작정 빠르게 읽어서도 안 되지만, 느릿느릿 읽어서
과연 인생의 의미를 이해할 수 있을까?
바람처럼 시원시원하게 읽어야 책에 담긴 재미있는 의
미를 밝혀낼 수 있다.
책은 산들바람처럼 읽는 게 좋다.

《나는 왜 책 읽기가 힘들까?》

책의 인력에
저항한다
• • •

책은 가볍게 읽었을 때 가장 창조적일 수 있다.

하지만 훌륭한 책은 독자가 그렇게 멋대로 읽게 내버려 두지 않는다. 그런 책에는 자기 쪽으로 쭉 끌어당기는 인력(引力)이 있다.

거기에 저항하려면 도중에 그만 읽는 수밖에 없다.

설령 그만 읽기가 불가능하더라도 중간중간에 이탈하며 자신의 생각을 확인하면서 읽어나가야 한다.

그렇지 않으면 책을 읽을수록 자신만의 생각은 사라지게 된다.

《지적 창조의 힌트》

책을 읽은 후의
여운을 활용한다

• • •

책을 읽고 약간 포화상태임을 느끼면, 다시 말해 피곤한 상태라면 그냥 쉰다.

바로 다음 책에 손을 대지 말고 그냥 가만히 있는다.

그렇게 머리를 재충전한 뒤에도 책으로 돌아가는 대신 생각에 잠긴다.

약간 남아 있는 독서의 여운이 적당히 자극을 주어 여느 때와는 다른 사고(思考)를 할 수 있다.

《왜 나는 사소한 것까지 기억하려 하는가》

읽는 도중에
덮는다

• • •

자신이 떠올린 생각을 소중히 여긴다면 책을 읽는 도
중에 과감하게 덮는 용기도 필요하다.

소설과 다르게 평론(評論)은, 책을 덮고 자신의 머리로
생각해 봐야 한다.

너무 영향을
받지 않는다
• • •

지적인 문장을 마지막까지 즐기다 보면 지나치게 영향을 받아서 도리어 해로운 경우도 있다.

책은 계기를 마련해주면 그걸로 족하다.

달려 나갈 수 있게 해주면 그것으로 멋지게 자기 일을 다 한 것이다.

〈지적 창조의 힌트〉

여러 번 읽을 수 있는
책을 찾는다
• • •

책을 여러 번 읽는다는 건 그만큼 내용이 재미있기 때문일 것이다. 하지만 무엇이 왜 재미있는지 자신의 생각을 말하는 것만큼 재미있는 것은 없다.

책에서 모르는 부분은 자신의 이해력과 자기만의 의미를 부여하여 보완한다. 일종의 자기표현이랄까.

처음부터 끝까지 다 알 수 있는 내용만 있는 책은 독자의 참여가 불가능해서 재미없다.

《나는 왜 책 읽기가 힘들까?》

많이 읽기보다
음미하며 읽는다
• • •

이거다 싶은 책은 한 번만 읽고 만족해서는 안 된다.

바람을 쐬며 적당히 잊었을 때쯤, 한 번 더 읽는다.

여기에서 맛이 달라지면 진짜가 아니다.

세 번, 다섯 번 읽고도 새로운 것을 발견하고 감동이 밀려왔다면 그 책은 '내 인생 책'이 된다. 그런 책이 세 권 정도 있으면 어엿한 독서인이라고 할 수 있을 것이다.

책을 많이 읽는 것을 대단하게 여기지 않는다.

차라리 마음을 기르는 책 한 권을 찬찬히 음미하며 읽는다. 생각하는 힘을 약하게 하는 독서는 유해하다.

〈실패의 효용〉

고전이 된 책을
찾아 읽는다
• • •

독서백편(讀書百遍)이라고 하여 책을 여러 번 읽는 동안, 전형화(典型化, 같은 부류의 특징을 잘 나타내는 본보기가 됨) 되는 부분보다 풍화되어 날아간 부분이 많으면 점점 재미가 없어진다. 반복해서 읽기가 힘들어진다.

여러 번 읽어도 견딜 수 있는 책은, 갈수록 좋은 부분이 드러나는 책이다.

그런 책은 독자에게 고전이 된다.

('독서'의 정리학)

책에 생각을
빼앗기지 않는다
• • •

다른 사람의 생각을 제 생각인 양 떠들어대는 건 위험하다. 그러다가 망가진 학자와 연구자가, 특히 문과 계통에서는 헤아릴 수 없이 많다.

그런 방식으로는 책을 너무 많이 읽지 말아야 한다.

생각에 방해가 되는 지식은 없느니만 못하다.

《아이디어 레슨》

머리기사를
먼저 읽는다
• • •

단시간에 신문을 읽으려면 머리기사부터 쭉 훑는다.
머리기사만이라면 한 페이지를 읽는 데 일 분이 걸리
지 않는다. 눈길을 끄는 기사가 있다면 머리기사 다음
에 나오는 요약된 부분을 읽는다. 그 부분이 재미있으
면 끝까지 읽는다.

그런 재미있는 기사가 두세 개 있으면 즐거운 비명이
절로 나온다. 머리기사를 보고 기사 내용을 추측하는
것은 상당히 지적인 활동이어서 두뇌를 활성화하는 데
효과가 있다.

《나는 왜 책 읽기가 힘들까?》

정반대 성향의
신문을 읽는다
• • •

신문 읽기가 두뇌 산책에 도움이 되려면 적어도 성향이 정반대인 신문 두 개를 선택하는 게 현명하다.

두 발로 걷는 산책이라면 같은 코스를 아무리 오래 걸어도 코스에 감화되지 않지만, 눈으로 하는 산책, 머리로 하는 산책인 신문 읽기는 다르다.

신문 하나 읽기에도 벅찬 독자는 특정 신문에 감화되어서 스스로 생각하는 법을 잊어버리고 그 신문의 지지자가 된다.

《건강의 원천 오체의 산책》

중년의 독서법을
기른다
• • •

중년 이후에는 소설이든 평론이든 뭐라도 읽고 새로운
자극을 받기 원하더라도 뜻대로 잘되지 않는다.

그러면 차라리 과거에 자신을 흔드는 지적 체험을 주
었던 책을 다시 꺼내어 읽어 보자.

경험에 비추어 말하자면 반복해서 읽고 싶은 책은 두
세 권이면 충분하다.

그런 책을 가끔 펼쳐 읽으며 곳곳에서 사색을 즐긴다.

시간을 두고 다시 읽으면서 생각에 새 바람을 넣는다.

《50대부터 시작하는 지적 생활술》

chat

/

제6장

발상을 풍요롭게 해주는
'잡담'

수다로
똑똑해진다
• • •

과거를 알려면 책을 읽는 것이 가장 효과적일 것이다. 하지만 독서는 두뇌를 소극적으로 만드는 경향이 있다. 책을 읽으면 읽을수록 다른 사람의 생각을 빌려 세상을 바라보게 된다.

대신에 세속적인 화제를 제외한 다양한 주제로 이야기를 나누면, 책을 읽을 때와는 또 다른 지(知)적 자극을 받게 된다. 원래 인간은 그런 존재다. 그렇게 잡담을 하면서 똑똑해지고 미지를 개척해온 것이다.

《난담의 세렌디피티》

담론을
가볍게 여기지 않는다
• • •

'난담(亂談)'*은 재미가 있다. 재미있는 것을 찾아내는 힘이 있다. 아무리 훌륭한 책도 마음을 터놓은 친구와 나누는 허물없는 대화를 이길 수가 없다.

독서와 담소는 별개다. 옛날부터 독서는 높게 보고 담론(談論, 이야기를 주고받으며 논의함)은 가벼이 여기는 경향이 있는데, 이는 잘못이다.

담화와 잡담을 가십과 혼동하여 일어난 오해가 여전히 살아 있다니 참으로 애석하다.

《난담의 세렌디피티》

---

* 난담(亂談) : 작가가 만들어 낸 말로, 아무렇게나 떠드는 잡담이란 뜻이다.

지성은
'말'에서 드러난다
• • •

말이 글보다 쉽다고 느끼는 것은 교육이 만들어낸 허
상이다. 아무 말이나 해도 되는 건 아니지만, 말이 글보
다 깊이 있는 내용을 더 많이 전할 수 있다.
물론 얼토당토않은 수준의 말도 많다.
진정한 마음은 글이 아니라 소리로 드러난다는 것을
이해하려면 교육 이상의 지성이 필요하다.

《난담의 세렌디피티》

수다로 약동적 사고를
불러낸다

· · ·

마음을 터놓고 이야기할 수 있는 사람들이 모여 현실에서 벗어난 다양한 주제로 이야기를 나누면 생생하고 약동(躍動, 생기있고 활발하게 움직임)적인 생각을 할 수 있어 재미있다.

특별히 의도하지 않아도 이야기는 시작부터 궤도를 벗어난다. 이탈한 궤도에서 다시 다른 궤도로 이탈하며 이야기는 전혀 예기하지 못한 방향으로 뻗어간다. 분위기에 휩쓸려 떠들다 보면 본인이 생각해도 깜짝 놀랄 만한 말이 입에서 튀어나온다.

역시 소리에는 생각하는 힘이 있다. 머리로만 생각할 게 아니라, 말로 떠들면서 소리에도 생각할 기회를 주어야만 한다.

《생각의 틀을 바꿔라》

입체적인
커뮤니케이션을 의식한다
• • •

혼자서는 안 된다.

두 사람도 부족하다.

그런데 세 사람이 되면 지혜가 생긴다.

한 사람의 생각은 말하자면 점이다.

두 사람의 대화는 선과 면을 만들 수 있지만 평면이다.

세 사람이 모이면 입체적인 커뮤니케이션이 가능해진
다. 점으로 연결된 사고와 평면적 사고로는 도달할 수
없는, 복잡하면서도 융화된 풍요로움을 포착할 수 있을
것이다.

《난담의 세렌디피티》

미래지향적
이야기를 한다

• • •

다른 사람의 이름을 말하는 순간, 대화의 내용이 가십
이나 험담으로 흘러가기 십상이다. 사람의 이름은 되도
록 입에 담지 말자.

될 수 있으면 있었던 이야기가 아니라 현실에서 벗어
난 미래지향적인 이야기를 다 함께 즐긴다. 그러면 개
개인의 두뇌 활동이 눈에 띄게 좋아진다.

그렇게 가정하면 무엇이든 머릿속에 떠오른 생각을 터
놓고 말할 수 있다. 아마도 이렇게 즐거운 시간이 또 있
을까, 하고 느끼게 될 것이다.

《지적 생활 습관》

다른 분야의 사람과
이야기한다

• • •

다른 분야에서 일하는 사람과 나누는 담소는 풍부한 아이디어를 기르는 바탕이 된다.

대화 상대가 자신이 하는 일을 자세히 모른다고 생각하면 신기하게도 자신감이 생긴다. 자신의 분야에 관해서는 '왕'이 된 기분이다. 마음이 들뜬다. 신이 나서 생각지도 못한 것까지 마구 떠들어댄다. 자기가 생각하기에도 깜짝 놀랄 만한 아이디어가 튀어나온다.

무척이나 창조적이고 무엇보다 즐겁다.

《아이디어 레슨》

방어적이고 비판적인
논의는 피한다

• • •

대체로 동문끼리 모이면 대화의 범위가 좁아진다.
미묘하게 재미는 있지만 눈이 휘둥그레질 만한 발견의
기회는 얻기가 힘들다. 아무래도 방어적이고 비판적으
로 나오게 된다. 그렇게 처음부터 부족했던 창조 에너
지는 대화가 오가는 사이에 점점 더 힘을 잃는다.
서로의 분야에 대해 잘 모르는 사람들끼리 어지럽게
주고받는 대화가 가장 창조적이다.

《난담의 세렌디피티》

난담 중에
재미를 포착한다
• • •

종횡무진으로 잡담을 나누는 사이에 지금까지 생각하지 못했던 아이디어가 툭 튀어나오기도 한다.

스스로 생각해도 진짜로 '재미있게' 느껴진다.

난담(亂談)을 나누지 않았더라면 경험하지 못했을 재미다. 이 재미를 그냥 흘려보내서는 안 된다.

일시적인 생각으로 치부하고 잊어버리는 사람이 많은데, 인생에서 가장 가치가 있는 생각일 수도 있다.

재미 자체가 발견은 아니지만, 그 전조라고 할 수 있다.

《난담의 세렌디피티》

웃음이 피어나는
장소를 만든다
• • •

난담(亂談)할 수 있는 장소를 잘만 마련하면, 우리 중 절반은 다른 사람의 힘에 자극을 받아 얼마든지 작은 발견을 할 수 있다.

대화가 창조적인지는 그 자리에서 피어나는 웃음으로 짐작할 수 있다. 지적인 웃음은 작은 발견의 전조와 같아서 귀중하다.

전문가의 연구 발표장에서는 웃고 싶어도 웃을 수 없지만, 작은 모임에서 오가는 허심탄회한 담소와 웃음은 때로는 발견의 전조가 된다.

웃음은 지적 폭발의 증명과도 같다.

절대 진지하지 않아서 웃는 것이 아니다.

《난담의 세렌디피티》

남의 말을 잘 들어주고
칭찬을 잘하는 사람을 곁에 둔다
• • •

남의 말을 잘 들어주는 사람은 많지는 않지만 주변에서 찾을 수 있다. 그런 사람에게 우리는 친근감과 신뢰감을 느낀다. 그 사람 앞에서는 생각지도 못했던 말이 불쑥 튀어나오기도 한다.

그런데 남의 말을 잘 들어주는 사람보다 칭찬을 잘하는 사람이 아이디어를 떠올리기에는 훨씬 더 좋은 조력자다.

생각하는 모임에는 누가 뭐라 해도 그런 역할을 하는 사람이 있어야 한다.

《아이디어 레슨》

커뮤니케이션의 다원성을
확보한다

• • •

수다를 떨려면 두 사람은 있어야 한다.

하지만 두 사람으로는 부족하다.

'세 사람이 모이면 문수보살(文殊菩薩, 석가모니여래 왼쪽에
있는 지혜를 맡은 보살)의 지혜가 나온다'는 말처럼 두 사람
보다 세 사람이 모여야 지혜가 나온다.

하지만 세 사람도 부족하다.

대여섯 사람은 모여서 떠들어야 다원적 커뮤니케이션
이 가능해져서 최고의 지혜가 나올 가능성이 크다.

컴퓨터는 아무리 모아놔도 수다를 떨지 못한다.

《나는 왜 책 읽기가 힘들까?》

일부러
천천히 말한다
• • •

영국인은 큰 소리로 떠들면 지혜가 날아간다고 믿었다.
그래서 전쟁으로 폐허가 된 도시를 복구할 때, 큰 소리
로 말할 필요가 없도록 국회의사당을 일부러 작게 만
들었다고 한다.

큰 소리를 내는 것은 물론이고 빠르게 말하는 것도 바
람직하지 않다.

말을 많이 하고 싶을 때는 큰맘 먹고 천천히 말하면 생
각보다 말을 많이 할 수 있다.

《인생을 즐기는 지적 시간술》

나이 들고 나서의
잡담
· · ·

잡담의 활력은 늙고 쇠약해지는 걸 막아준다.

잘만 하면 나이 든 사람도 지력, 기력, 정신력을 길러서

젊을 때와는 다른 활기찬 생활을 보낼 수 있다.

그런 노인들이 늘어난다면 나이 드는 것도 더는 두렵

지 않을 것이다.

《난독의 세렌디피티》

creation

/

제7장

**미래를 여는
생각**

말하고 듣는
능력을 기른다
• • •

근대 교육은 어느 나라에서나 읽기와 쓰기 능력(literacy, 문해력)을 중시하고, 말하기와 듣기 능력은 등한시하는 경향이 강하다.

현대인에게 그러한 경향이 극단적으로 나타나면서, 말하기와 듣기 교육의 부재가 여실히 드러났다.

언젠가부터 자신의 의견을 말로 표현하지 못하고, 남의 말을 잘 듣지도 못하는 문화가 되어버렸다.

중요한 사안은 전부 글로 써서 문서로 작성해야 용납이 된다. 이 때문에 우리 사회가 얼마나 손해를 보고 있는지 모른다.

《라이프워크의 사상》

활자로 인해
잃어버린 것을 생각해 본다
• • •

활자에 길든 현대인은 이따금 생각해 봐야 한다.

모든 표현 방식 중에서 활자 인쇄가 개인의 개성을 가장 모호하게 하는 것이 아닌지를 말이다.

웬만큼 훌륭한 작가가 아니고서야 활자로 드러내는 개성적 표현은 육성으로 내는 맛깔스러운 표현에 미치지 못하는 게 보통이다.

〈세상을 바라보는 법, 생각하는 법〉

보이지 않는 것의
가치를 안다

• • •

영상이 생활을 지배하게 되면서, 우리는 무엇이든 눈으로 직접 보지 않고는 배기지 못하게 되었다.

보이지 않는 건 어렵고 시시하게 여긴다.

잡지도 사진만 게재되는 페이지가 늘었다.

이것이 읽기의 위기를 초래한다.

미지의 것, 추상적인 것은 처음부터 잘 모른다고 단정하는 사람이 점점 늘고 있다.

《'독서'의 정리학》

신문 기사를
곧이곧대로 믿지 않는다
• • •

솔직히 말해서 읽어서 좋았던 신문 기사는 별로 없다.

뉴스와는 별개로 논설이 심하게 으스대는 꼴이 마음에

들지 않는다. 가르치려는 태도가 도를 넘어선다.

읽는 사람의 가슴을 울릴 정도로 더 낮은 소리로 말해

줄 순 없는 건지 불만이다.

야단맞으면서 읽는 게 영 달갑지가 않다.

《자신의 머리로 생각한다》

책상을
높인다

• • •

자세를 바르게 하려면 서 있는 게 가장 좋지만, 서서 공
부하기는 현실적으로 어렵다.

그렇다면 책상 높이를 최대한 높이는 것이 좋다. 앞으
로는 그러한 기능을 가진 책상을 선호하게 될 것 같다.

근대사회를 움직인 것은 앉아서 하는 일이다.

이후로 인간이 서서 하는 일은 거의 사라졌다.

그로 인해 지적 활력을 잃은 것은 아닐까?

《약간의 공부 비결》

산책을
스포츠처럼

• • •

각종 스포츠가 점점 프로화가 되면서 진정한 스포츠가
사라지려는 지금, 나는 산책을 스포츠처럼 하려고 한다.
유럽의 철학자 중에는 옛날부터 산책을 일과에 넣는
사람이 적지 않았다.

산책을 스포츠처럼 하려는 이유는 철학자를 낳기 위해
서라기보다는 페어플레이 정신, 독자적 사고, 불굴의
의지 등을 기르기 위해서이다.

《자신의 머리로 생각한다》

손을
산책한다

• • •

산책이 발 운동이라면, 발 못지않게 바삐 일했던 손을
그냥 놔두는 건 도리가 아니다.

손 산책이라고 하니 좀 이상하게 들리지만, 손을 움직
여야 건강에도 좋다.

생활에 편리한 도구가 많이 나오면서 손도 운동 부족
에 빠져버렸다.

《자신의 머리로 생각한다》

타고난 잠재력을
되찾는다

• • •

갓 태어난 아기는 인간의 능력을 가장 본연에 가깝고 신선한 상태로 간직하고 있다.

그런데도 학교 교육은 이를 고려하지 않고 지식을 막무가내로 욱여넣으려 한다.

암기와 모방을 추켜세우면서 부자연스러운 학습을 강요하는 사이에, 아이들은 타고난 잠재력을 잃어버린다.

앞으로는 태어난 직후에 가장 넘치는 인간의 능력을 발전시킬 수 있는 방향으로 교육체계를 만들어야 한다.

《'잊어버리는' 힘》

빈곤에서

배운다

• • •

과거 교육의 최대 원동력은 빈곤이었다.

빈곤은 인간이 물리쳐야 할 가장 강력한 적(敵) 중의 하나였다. 상식적으로 보면 결코 감사할 일은 아니지만, 빈곤은 인간을 성장시키는 힘을 갖고 있다.

무서운 적이지만, 긴 안목으로 보면 힘을 길러주는 효과가 있다. 빈곤을 저주하는 것은 잘못이다.

좋은 상대를 만났다고 생각하고 빈곤에 도전하자.

그러면 인간으로서 생각지도 못한 힘을 기를 수 있을 것이다.

《'마이너스'의 플러스》

빌린 지혜에
너무 기대지 않는다
• • •

권위 있는 석학의 지식이라고 무조건 추켜세우는 모습
은 한심하다.

모든 걸 자신의 머리로만 판단하고 이해하면 물론 오
해라는 함정에 빠질 수도 있다. 하지만 이를 두려워하
면 독창성은 바랄 수 없다.

이견을 인정하지 않는 모습은 흡사 투정 부리는 어린
애 같다. 자신의 발언에 힘을 실으려면 당연히 독자적
인 사고가 필요하다.

빌린 지식만으로는 독자적인 사고를 할 수 없다는 사
실을 깨달아야 한다.

《인생 복선의 사상》

무분별하게
받아들이지 않는다

• • •

잘 모르면서도 해외에서 잘 나간다고 하면 왠지 모르게 마음을 빼앗긴다. 재미있다고 말한다.

하지만 실상을 잘 모르니까 마음을 빼앗기고 재미있게 느끼는 것이다.

이런 경우 자칫 무분별하게 받아들일 위험성과 실체가 없는 것에 대한 환상을 가질 위험성 또한 크다.

《세상을 바라보는 법, 생각하는 법》

역사의

실체를 안다

• • •

역사의 실체는 과거 자체와는 별개로 만들어진 것이다.
실제로는 말도 안 되게 엄청난 정보가 들어 있어서 도
저히 그대로는 재현할 수 없다. 그래서 극히 일부의 역
사적 사실만 골라내는데, 그 과정에서 세월의 작용으로
변형되고 사소한 부분은 망각(忘却)된다.

우리는 역사를 과신해 왔고 그만큼 역사로부터 배신당
했다고 말해도 과언이 아닐 것이다.

《자신의 머리로 생각한다》

새로운 시대를
버틸 수 있는 사람이 된다
• • •

인간으로서 어떻게 해야 컴퓨터(AI)로 대체되지 않을
지, 심각하게 고민해 봐야 한다.

결국 컴퓨터가 하지 못하는 일을 하는 수밖에 없지만,
읽고 쓰는 능력만 보면 인간이 기계에 미치지 못한다.

그렇다면 컴퓨터보다 아직 인간이 잘 할 수 있는 대화
능력, 그 중에서도 특히 남의 이야기를 잘 들어주는 능
력을 기르는 수밖에는 없다.

《에스컬레이터 인간》

인간과 기계가
공존하는 시대의 창조
• • •

앞으로도 인간의 두뇌 일부는 창고 역할을 담당하게
될 것이다. 하지만 창고 역할만으로는 부족하다.

새로운 걸 창조해 내는 공장이 되어야 한다.

창고는 넣어놓은 물건을 분실하지 않게 보존하고 보관
하는 것으로 충분하지만, 물건을 만들어 내려면 그런
능력만으로는 부족하다.

공장에도 쓸데없는 물건들이 쌓이면 작업능률이 낮아
져서 정리가 시급해진다. 이렇게 두뇌 공장을 정리하는
역할을 하는 것이 망각(忘却)이다.

컴퓨터는 창고 역할을 맡기고, 인간의 머리는 지적 공
장으로서 창조의 역할에 더 중점을 두는 것이 다가올
미래를 대비하는 방법이다.

〈생각의 틀을 바꿔라〉

《생각의 틀을 바꿔라(思考の整理学)》(전경아 옮김, 책이있는풍경) (원제: 사고의 정리학)

《라이프워크의 사상(ライフワ_クの思想)》

《지적 창조의 힌트(知的創造のヒント)》

《'독서'의 정리학('読み'の整理学)》

《아이디어 레슨(アイデアのレッスン)》

《인생을 즐기는 지적 시간술(人生を愉しむ知的生活術)》

《세상을 바라보는 법, 생각하는 법(ものの見方´考え方)》

《약간의 공부 비결(ちょっとした勉強のコツ)》

《나는 왜 책 읽기가 힘들까?(乱読のセレンディピティ)》(문지영 옮김, 다온북스) (원제: 난독의 세렌디피티)

《자신의 머리로 생각한다(自分の頭で考える)》

《50대부터 시작하는 지적 생활술(50代から始める知的生活術)》

《지적 생활 습관(知的生活習慣)》(장은주 옮김, 최광렬 그림, 한빛비즈)

《왜 나는 사소한 것까지 기억하려 하는가(忘却の整理学)》(안소현 옮김, 웅진

윙스) (원제: 망각의 정리학)

《실패의 효용(失敗の効用)》

《인생 복선의 사상(人生複線の思想)》

《'마이너스'의 플러스('マイナス'のプラス)》

《어른의 사상(大人の思想)》

《에스컬레이터 인간(エスカレ_タ_人間)》

《건강의 원천 오체의 산책(元気の源 五体の散歩)》

《난담의 세렌디피티(乱談のセレンディピティ_)》

《'잊어버리는' 힘('忘れる'力)》

어른의 생각법

초판 1쇄 2023년 12월 11일

지은이 도야마 시게히코
옮긴이 전경아
발행인 박혜진
편 집 이노아
디자인 김성엽

펴낸곳 다람
출판등록 2012년 6월 29일 제2012-000034호
주소 서울시 광진구 아차산로 378, 3층
전화 02-447-0879 | **팩스** 02-6280-3748
전자우편 darambooks@gmail.com
홈페이지 www.darambooks.com
인스타그램 @darambooks

한국어판 출판권 ⓒ 다람 2023

ISBN 979-11-979493-7-1 03190

이 책의 내용의 전부 또는 일부를 이용하려면
반드시 저작권자와 다람의 서면 동의를 받아야 합니다.

* 잘못 만들어진 책은 구입하신 곳에서 바꾸어드립니다.
* 책값은 뒤표지에 있습니다.